İlk Resimli Sözlük
Hayvanlar

First Picture Dictionary
Animals

Domuz
Pig

Tavşan
Rabbit

Kelebek
Butterfly

Tilki
Fox

Anna Ivanir tarafından resimlendirildi

www.kidkiddos.com
Copyright ©2025 by KidKiddos Books Ltd.
support@kidkiddos.com

All rights reserved. No part of this book may be reproduced in any form or by any electronic or mechanical means, including information storage and retrieval systems, without written permission from the publisher, except in the case of a reviewer, who may quote brief passages embodied in critical articles or in a review.
First edition, 2025

Library and Archives Canada Cataloguing in Publication
First Picture Dictionary – Animals (Turkish English Bilingual edition)
ISBN: 978-1-0497-0007-6 paperback
ISBN: 978-1-0497-0008-3 hardcover
ISBN: 978-1-0497-0006-9 eBook

Vahşi Hayvanlar
Wild Animals

Aslan
Lion

Kaplan
Tiger

Zürafa
Giraffe

✦ *Zürafa karada yaşayan en uzun hayvandır.*
✦ A giraffe is the tallest animal on land.

Fil
Elephant

Maymun
Monkey

Vahşi Hayvanlar
Wild Animals

Su aygırı
Hippopotamus

Panda
Panda

Tilki
Fox

Gergedan
Rhino

Geyik
Deer

Kanada geyiği
Moose

Kurt
Wolf

✦Kanada geyiği çok iyi bir yüzücüdür ve bitkileri yemek için suyun altına dalabilir!

✦A moose is a great swimmer and can dive underwater to eat plants!

Sincap
Squirrel

Koala
Koala

✦Sincap kış için fındıkları saklar ama bazen onları nereye koyduğunu unutur!

✦A squirrel hides nuts for winter, but sometimes forgets where it put them!

Goril
Gorilla

Evcil Hayvanlar
Pets

Kanarya
Canary

✦ *Kurbağa hem derisiyle hem de akciğerleriyle nefes alabilir!*

✦ *A frog can breathe through its skin as well as its lungs!*

Gine Domuzu
Guinea Pig

Kurbağa
Frog

Hamster
Hamster

Japon balığı
Goldfish

Köpek
Dog

✦ *Bazı papağanlar kelimeleri tekrar edebilir ve hatta insanlar gibi gülebilir!*

✦ Some parrots can copy words and even laugh like a human!

Kedi
Cat

Papağan
Parrot

Çiftlik Hayvanları
Animals at the Farm

İnek
Cow

Tavuk
Chicken

Ördek
Duck

Koyun
Sheep

At
Horse

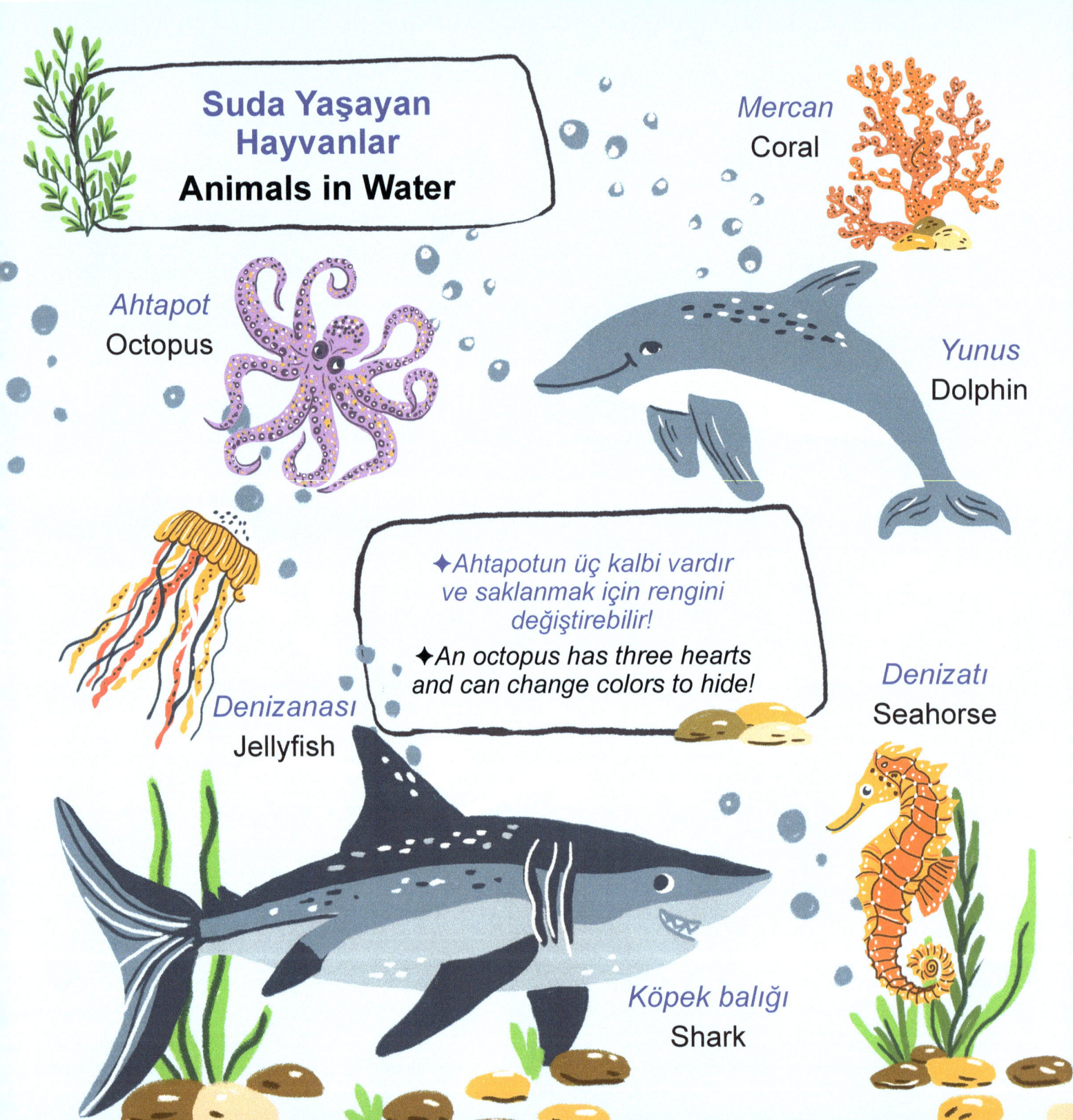

Porsuk
Badger

Dikenli kirpi
Porcupine

Dağ sıçanı
Groundhog

✦ *Kertenkele, kuyruğunu kaybederse yenisini çıkarabilir!*
✦ A lizard can grow a new tail if it loses one!

Kertenkele
Lizard

Karınca
Ant

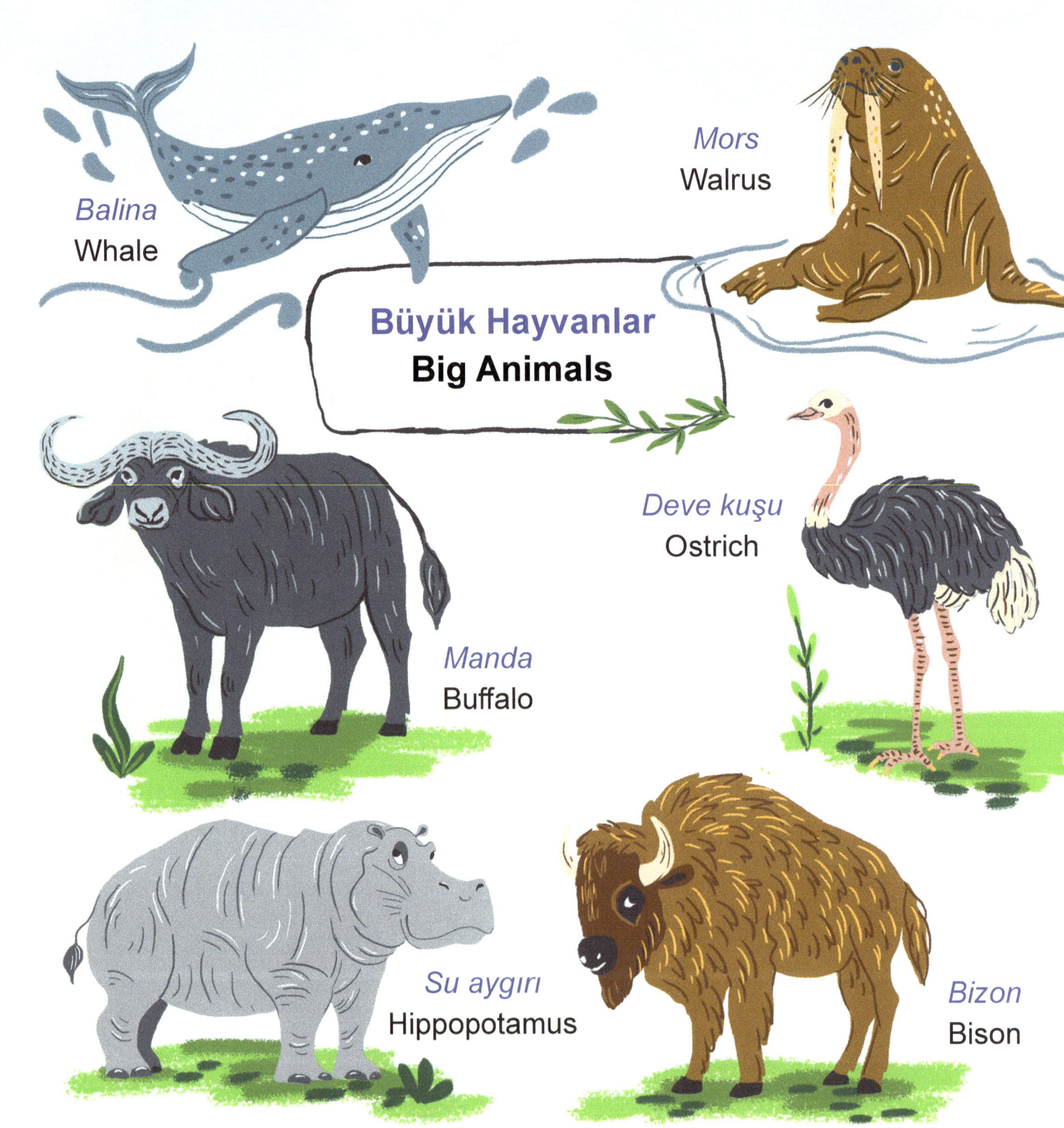

Küçük Hayvanlar
Small Animals

Bukalemun
Chameleon

Örümcek
Spider

> ✦ *Deve kuşu en büyük kuştur, ancak uçamaz!*
> ✦ *An ostrich is the biggest bird, but it cannot fly!*

Arı
Bee

> ✦ *Salyangoz evini sırtında taşır ve çok yavaş hareket eder.*
> ✦ *A snail carries its home on its back and moves very slowly.*

Salyangoz
Snail

Fare
Mouse

Sessiz Hayvanlar
Quiet Animals

Kaplumbağa
Turtle

Uğur böceği
Ladybug

✦ *Kaplumbağa hem karada hem de suda yaşayabilir.*

✦ *A turtle can live both on land and in water.*

Balık
Fish

Kertenkele
Lizard

Gececil Hayvanlar
Nighttime Animals

Ateş böceği
Firefly

Porsuk
Badger

Kivi kuşu
Kiwi Bird

Leopar
Leopard

Kirpi
Hedgehog

Baykuş
Owl

Yarasa
Bat

✦ Ateş böceği, diğer ateş böceklerini bulmak için geceleri ışık saçar.
✦ A firefly glows at night to find other fireflies.

✦ Baykuş, geceleri avlanır ve yiyeceğini bulmak için işitme yeteneğini kullanır!
✦ An owl hunts at night and uses its hearing to find food!

Rakun
Raccoon

Tarantula
Tarantula

Renkli Hayvanlar
Colorful Animals

Flamingo pembedir
A flamingo is pink

Baykuş kahverengidir
An owl is brown

Kuğu beyazdır
A swan is white

Ahtapot mordur
An octopus is purple

Kurbağa yeşildir
A frog is green

✦ Kurbağa yeşildir, bu sayede yaprakların arasında saklanabilir.
✦ A frog is green, so it can hide among the leaves.

Kutup ayısı beyazdır
A polar bear is white

Tilki turuncudur
A fox is orange

Koala gridir
A koala is grey

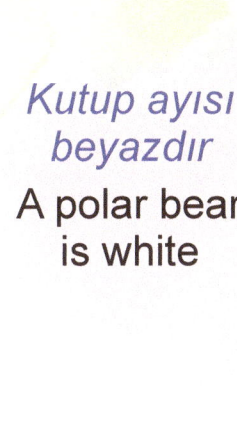

Panter siyahtır
A panther is black

Civciv sarıdır
A chick is yellow

Hayvanlar ve Yavruları
Animals and Their Babies

İnek ve buzağı
Cow and Calf

Kedi ve yavru kedi
Cat and Kitten

✦ *Civciv, yumurtadan çıkmadan önce bile annesiyle konuşur.*
✦ A chick talks to its mother even before it hatches.

Tavuk ve civciv
Chicken and Chick

Köpek ve yavru köpek
Dog and Puppy

Kelebek ve tırtıl
Butterfly and Caterpillar

Koyun ve kuzu
Sheep and Lamb

At ve tay
Horse and Foal

Domuz ve domuz yavrusu
Pig and Piglet

Keçi ve oğlak
Goat and Kid

www.ingramcontent.com/pod-product-compliance
Lightning Source LLC
LaVergne TN
LVHW072103060526
838200LV00061B/4802

9 781049 700076